AF229024

VRAIS TYRANS

DU PEUPLE.

A Messieurs de la ROUGE,

PAR UN

RÉPUBLICAIN CUISSE DE NYMPHE.

Avec le suffrage universel, toute opposition
gouvernementale est de mauvaise foi.

Prix : 25 centimes.

PARIS

GARNIER FRÈRES, ÉDITEURS,

Palais-National, 215. Rue Richelieu, 10.

1849

Paris. — Typographie de WITTERSHEIM, 8, rue Montmorency.

LES

VRAIS TYRANS

DU PEUPLE.

Aujourd'hui que nous sommes en République, il doit être permis à tous de rechercher les effets et les causes du malaise et de l'agitation continuels qui nous dominent, et surtout de bien s'assurer si l'anéantissement du trône a réellement supprimé à jamais l'infernale race des tyrans.

O peuple ! instrument docile de tous les partis, c'est à toi que ces lignes eussent dû être dédiées ; à toi, que chacun se tiraille ; à toi, qui verses ton sang pour l'opposition, quelle qu'elle soit, parce qu'il est dans ta nature de te rebeller contre tout pouvoir établi ; à toi, enfin, qui, ayant installé un nouveau pouvoir, poses les armes jusqu'au jour où l'on te pousse encore au combat. Faire et défaire, voilà ta devise.

Car il est bien convenu que le Peuple n'est qu'une partie de la nation, et non *la multitude d'hommes qui peuplent un pays*, comme l'affirme le Dictionnaire.

Cette fraction de nous dans laquelle seulement ceux-là qui s'intitulent les vrais républicains persistent à voir le Peuple, c'est-à-dire la classe des travailleurs manuels, lit naturellement les journaux qui, sur tous les tons, lui crient incessamment :

PEUPLE, ON TE TROMPE ! !..

Lisons donc ces journaux, nous qui, au dire de ces messieurs, ne sommes pas du Peuple, et rougissons d'être Français.

Quoi ! l'armée française, cette armée autrefois si vaillante et qui sur la foi d'un homme fit victorieusement le tour du monde, par quels généraux est-elle donc commandée aujourd'hui ? Par des traîtres ! qui ne demandent qu'à mitrailler le Peuple (pas vous ni moi probablement). La Réaction prétend bien qu'ils ont donné quelques gages au pays en exposant pendant vingt ans leurs poitrines aux balles des Arabes. Mais les vrais démocrates, dans leur aveuglement fraternel pour le Peuple, se gardent bien de jamais parler de ces services rendus en Afrique par nos généraux : ils les ignorent. Ne leur parlez, à ces vrais patriotes, que de la rue Transnonain ou des mobiles soumettant nos frères de juin. Du jour où le Gouvernement déplaît à la minorité factieuse, et il lui déplaira tant que ses chefs n'ent feront point partie, elle a le droit de le renverser, au mépris de cette vérité : AVEC LE SUFFRAGE UNIVERSEL, TOUTE OPPOSITION GOUVERNEMENTALE EST DE MAUVAISE FOI. Le chef d'armée qui se dévoue pour étouffer l'insurrection est déclaré par elle traître à la patrie. Allons, messieurs les généraux, vous n'avez qu'un pas à faire : tendez la main aux démagogues, allez banqueter un peu, et vous deviendrez bientôt dans leurs feuilles les plus grands capitaines du siècle.

Mais là n'est pas tout le mal ; l'armée, sortie des rangs du Peuple, l'armée est égarée, l'armée enfin est royaliste, puisque pour les démocrates tout ce qui ne tient pas par les opinions à la République fangeuse de la rue est royaliste.

Oui, les 400,000 hommes qui devraient protéger notre beau pays sont au contraire égarés par ces généraux. Car n'allez pas croire que cette armée, qui vote cependant, soit éclairée sur les véritables intérêts de son pays. Non. Quand un soldat s'avise de lire une de ces feuilles pacifiques qui prêchent la concorde à coups de fusil, il est immédiatement jeté dans les fers.

Si le lecteur veut s'arrêter un instant, nous admirerons ensemble l'admirable organisation d'une armée dont chaque individu est soumis à un contrôle si immédiat.

La grande force et l'arme favorite des feuilles socialistes sont les petites histoires calomnieuses auxquelles on sait que celui qu'elles attaquent ne daignera pas répondre.

« Hier, le général ***, en revenant de la revue suivi de son
» état-major, a renversé et foulé aux pieds de son cheval une
» pauvre femme qui tenait un enfant dans ses bras.

» M. le général a continué son chemin sans même *daigner*
» se retourner. »

« On assure que M. Guizot est en ce moment à Paris. Nous

» demandons à M. Louis Bonaparte s'il est vrai que l'ex-
» ministre du *tyran* ait été mandé ici pour faire partie d'un
» nouveau cabinet. »

Un journal de province écrivait un jour à une feuille socialiste :

« Une circonstance singulière a fort intrigué les officiers.
» A M.... M. P* D*, sous-préfet, revêtu du nouvel uniforme or-
» donné par le ministre, portait l'épée à droite. On ne sait
» si c'est par ordre ministériel ou par esprit d'initiative. »

Et la feuille socialiste ajoutait :

« Le correspondant ignore sans doute que ce n'est pas là
» une innovation. Le bourreau, lorsqu'il portait l'épée, l'a-
» vait toujours à droite. *Les réacteurs aiment à revenir aux*
» *vieilles traditions.* »

Ces petites histoires, celui qui les livre à la publicité sait
bien qu'elles sont fausses; mais c'est un aliment à cette
aversion naturelle qu'a le peuple de Paris pour ce qui le
gouverne. C'est une excellente tactique en calomnie. On sait,
encore une fois, que la personne désignée ne daignera pas le
plus souvent répondre, et le mal est fait. Si le fait est dé-
menti, on s'arrange de manière à ce que le vilain rôle soit
toujours pour le calomnié. D'ailleurs, ces messieurs con-
naissent trop bien la maxime de Bazile pour ne pas toujours
la mettre à profit.

« Nous sommes des hommes de paix, disent ces démagogues furieux ; nous voulons vaincre par la parole, ajoutent

les glorificateurs de nos frères de juin. Peuple, ne te laisse pas provoquer par tes bourreaux, qui veulent t'égorger. »

Méfions-nous de ces paroles, que nous avons entendues siffler à nos oreilles en juin. Et si vous voulez vaincre pacifiquement, pourquoi ces calomnies, grossières pour les gens qui raisonnent, mais funestes auprès d'une classe inexpérimentée et qui saisit avidement tout ce qu'on lui jette, bon ou mauvais. N'est-ce pas là une excitation constante à la haine de ceux qui nous gouvernent? Mais si ce gouvernement de six millions de voix est si contraire à tous les principes républicains, s'il a tellement démérité de ses mandataires, du pays, enfin, la vérité suffit. Pourquoi mentir? Le mensonge est l'arme des faibles et des lâches !

C'est que ces hommes qui ont fait une révolution au nom de la Réforme, redoutent aujourd'hui le suffrage universel ; cette arme, dont ils ont pendant dix-huit ans menacé la royauté de 1830, jusqu'à ce qu'elle ait succombé ; cette arme qui, contre leur attente, s'est tournée contre eux, aujourd'hui ils voudraient la briser ; le 15 mai n'était que la préface de juin, et s'il faut croire leurs paroles de paix et d'amour, juin serait encore loin d'être le dernier mot des socialistes.

O peuple ! moutons bruyants, instruments dociles des ambitions justement déçues, si tu voulais étudier un peu ces hommes qui vont mendier tes faveurs dans des banquets démocratiques; si tu voulais remonter un peu dans notre histoire, quelques années seulement, tu serais bien fixé sur la valeur des gens qui sous tous les régimes se jettent dans les rangs de l'opposition.

Le socialisme n'est pas nouveau. Après 1830, quelques imaginations ardentes mirent en pratique la doctrine de Saint-Simon. Une maison fut fondée, et le gouvernement n'eut rien à faire : l'établissement se tua lui-même; ce fut l'affaire de la police qui, le jour où les mœurs outragées réclamèrent impérieusement son intervention, fit fermer la communauté. Expulsés de leur sanctuaire et livrés à eux-mêmes, les apôtres de Saint-Simon eurent bientôt oublié leurs utopies; le gouvernement en appela quelques-uns près de lui, les autres, par leur travail, se créèrent une position indépendante; une fois ancrés dans la vie, la possession en fit des conservateurs au premier chef. Là est, et sera toujours, l'histoire des oppositions.

Aujourd'hui que nous n'avons plus, comme en 89, une noblesse et un clergé oppresseurs du peuple; aujourd'hui que toutes les carrières sont ouvertes à chacun, quel que soit son rang; aujourd'hui que nous sommes libres, les agitateurs n'ayant plus pour drapeau ce mot sublime de *Liberté*, ont pris exclusivement pour remuer les masses celui du socialisme; la bourgeoisie a remplacé la noblesse dans l'aversion des démagogues, mais plus nombreuse et surtout plus puissante comme moyen d'action, les révolutionnaires modernes ne se dissimulent sans doute pas l'impossibilité de la réduire; de là leur exaltation sauvage. Nous avons entendu dans ces clubs un orateur appeler les foudres de la colère populaire sur les banquets fratricides que la garde nationale donna à l'armée pour la consoler de l'injuste exil auquel l'avait condamnée les républicains après février, et l'on fit répandre parmi les ouvriers que, dans ces banquets, la garde nationale remettait aux soldats des balles en plomb avec des pointes en cuivre destinées au peuple de Paris.

Aux quelques hommes intelligents, mais ambitieux et pervers, qui forment le noyau de la rouge, ou plutôt sous le drapeau qu'ils agitent se range naturellement tout ce qui, dans une grande ville, ne doit son existence qu'au hasard de tous les jours. Ce sont, au second plan, les gens qui n'ont jamais pu se créer une existence à peu près sûre, «gens de sac et de corde,» et veulent trouver dans un bouleversement une position définitive. Les dissipateurs, les ambitieux déçus et quelques paresseux, quand leur paresse leur laisse assez d'énergie pour pouvoir s'occuper de politique ; tous gens qui ont au moins une fois brisé leur avenir, ce qu'on pourrait justement nommer les *faillis de la vie*. Avocats rayés, littérateurs incompris, fonctionnaires civils déchus, etc., etc., tous arrivés au moment où l'avenir échappe à leur mains impuissantes, se lancent à toutes voiles dans la démocratie et se donnent le rôle facile d'amis du peuple, après avoir été les plus cruels ennemis d'eux-mêmes. C'est bien pour eux que la propriété est un vol. L'ouvrier honnête, séduit par les promesses d'avenir que ne cessent de lui répéter les chefs du parti dans leurs feuilles turbulentes, est souvent le candide compère de ces intrigants à qui il sert de marchepied.

Car pour l'ouvrier, le journal a encore le prestige d'une idée, d'un ensemble ; il ne voit jamais dans l'article qu'il lit l'opinion d'un homme, il voit celle d'un *Journal*, et, pour beaucoup, une mauvaise chose imprimée a bien plus de valeur qu'un bon discours parlé. Le peuple cherche plutôt dans ses journaux à satisfaire sa haine qu'à s'éclairer ; c'est ce que comprennent très bien les journalistes de l'opposition, quand chaque jour ils l'excitent avec des faits mensongers.

Ah ! le peuple devrait bien voir que tous ces noircisseurs

de papier, qui n'eussent pas manqué en juin de profiter de sa victoire, l'ont renié après sa défaite. Pauvres moutons ! où étaient vos chefs ? Tandis que vous avez langui sur les pontons, que d'autres y souffrent encore, où sont les gens qui vous ont poussé à cette coupable démence ? ils osent, maintenant tout au plus, plaindre votre *fatale erreur* dans des feuilles qui, pour cela même, se vendent très bien et leur rapportent de fort beaux bénéfices.

Dans les banquets où ces Fontanaroses politiques répandent en promesses le bonheur à pleins torrents, viens, ô Candide ! jette un instant le bandeau qui te couvre les yeux ; regarde, tu verras sous la carmagnole de plus d'un faux républicain passer les manchettes de la légitimité.

L'anarchie ! voilà leur rêve ; car l'anarchie épuise un pays, et quand le pays sera épuisé, comme les grenouilles de la fable, ses habitants demanderont un sauveur : là s'accomplira la tâche des chevaliers du lys.

Il se trouve bien parmi tous ces démagogues quelques hommes consciencieux qui, vrais soldats de la démocratie comme ils s'intitulent eux-mêmes, payent de leur personne au jour du danger, mais ce sont là des hommes d'action dont le noyau intelligent, tout en les glorifiant dans ses organes, ne fait plus grand cas après la victoire.

Voyez ce représentant qui monte à la tribune ; il est voûté, ses cheveux sont blancs, sa figure porte l'empreinte d'une longue souffrance ; il y vient hoqueter convulsivement quelques mots sans suite en faveur de l'amnistie. Celui-là est un soldat de la démocratie ; mais vraiment, cet homme qui vient régler le sort de l'artisan, qui veut prêcher la famille dont il ignore sans doute les douceurs...—Grand dieu ! s'écrient ses amis, lui, ignorer la famille. — Eh ! alors, qu'a-t-il fait pour la sienne, pendant qu'il languissait dans les cachots de la royauté ? — Il s'était dévoué au bonheur de tous. — Insensé ! Dieu nous jette ici, chacun pour notre compte. Si sur notre route, nous rencontrons un frère qui succombe sous le poids des calamités, le relever, le mettre autant qu'il est en nous en état de continuer sa route, voilà notre devoir : l'homme qui n'a jamais fait de mal à personne, est celui qui a fait le plus de bien. Réformateurs, qui voulez faire le bonheur du genre humain, faites le vôtre d'abord, et quand vous serez heureux, si chez vous la fraternité n'est pas un mot gravé sur vos lèvres seulement, vous réchaufferez à votre bonheur les malheureux qui vous entourent, et vous aurez fait plus pour le genre humain que tous les utopistes passés et à venir.

Vous souvient-il d'avoir eu pour compagnon sur les bancs du collége un de ces esprits turbulents, boute en train de toutes les révoltes d'études, imagination ardente donnant cours à toutes ses excentricités avec une froideur imposante qui leur donne une sorte de cachet chevaleresque, esprit rétif voyant l'illégalité dans toutes les actions du maître, jugement braque en opposition constante avec la logique. Venez avec moi à la chambre : voici notre écolier. Auteur dramatique d'un talent modeste, son seul but dans ses œuvres a été de souffleter une classe de la société avec l'autre. Pour lui, le crime est en haut, la vertu est en bas. Le citoyen laborieux et intelligent, qui s'est frayé une route large et un avenir prospère par son travail, devient pour lui un criminel du moment où ce travail lui a donné la richesse.

Qu'il devrait avoir de renommée cet écrivain.... Tandis que

pendant un mois le public se faisait fête d'aller ensevelir sous ses huées la pièce d'un Liadières quelconque, la presse démocratique de la veille lui tressait des couronnes d'immortelles sur la simple annonce d'un de ses chefs-d'œuvre.

Un jour, cet égalitaire oubliant sa mission d'amour se mit à traîner sur la claie un des esprits les plus brillants de notre époque, dont le grand crime était de n'être point alors (c'était la veille) républicain comme lui, qui eût pu deviner son frère dans sa victime? Heureusement, après la lutte, le plus meurtri fut celui qui avait frappé.

Aujourd'hui, renonçant à la gloire littéraire ou la gloire renonçant à lui, il a pensé qu'il devait être un homme politique. Appelé par le suffrage à la représentation nationale il a pris place au sommet de la Montagne ; il en descend quelquefois pour prononcer un de ces discours comme en font les élèves de sixième, les jours de retenue, lorsque le caractère est aigri par le châtiment, Il frappe à grands coups de peuple sur les épaules de la droite qui lui demande toujours : *De quel peuple parlez-vous?* Comme ses confrères de la Montagne, il va en représentation dans tous les banquets socialistes, et là ils démolissent une à une toutes nos institutions, déchirent les illustrations civiles et militaires de la France, aux grands applaudissements des auditeurs qui les prennent au sérieux.

A l'approche des élections de la législative, ce tribun qui commence probablement à croire avec le citoyen Bugeaud que Paris ne suffit plus pour disposer du sort de la France, a prononcé dans un banquet anniversaire du 24 février un discours adressé aux paysans. C'est un morceau très-curieux, on y apprend la définition du mot Paysan : *Paysan veut dire homme du pays, cultivateur du pays, défenseur du pays. Ces gens-là* (les riches) *sont les inutiles de la terre, ils sont indignes de porter le nom de paysan; ils s'appellent les nobles, ils s'appellent les traîtres.* (Bravos énergiques.)

O chers porte-blouses, eût-il dû s'écrier après avoir essuyé l'écume de sa bouche, n'est-ce pas que vous ne voulez pas manger les rouges? n'est-ce pas que Bugeaud ne trouvera pas, parmi vous, ses quatre hommes et son caporal et que vous voterez en peu pour la Montagne après avoir lu ce discours fait à votre intention?

Et comme la fraternité n'est pas un mot pour les démocrates, il ajoute ces paroles de paix : *Méfiez-vous surtout de vos éternels ennemis, de ces amis vêtus de noir et qui n'en sont pas moins blancs.* (Tonnerre d'applaudissements.)

La manœuvre est adroite, mais il faut douter que les paysans croient aux phrases creuses des Montagnards. Le paysan, avec son esprit droit et juste, guidé par ses sentiments d'ordre et de conservation, sera encore long à devenir, comme ses frères des villes, comme le peuple de Paris, *un grand artiste en révolution.* (Sic.)

Sans passion, l'esprit et le cœur libres, on peut juger par ces échantillons de la valeur des hommes qui prétendent règler un jour les destinées de la France, depuis l'avocat d'une cause célèbre, aiglon de province qui est venu s'éborgner au soleil de Paris, jusqu'à ce grand tribun populaire qui dota la France des ateliers nationaux, parmi tous ces hommes qui vont se vautrer, avides de popularité, dans les banquets de barrière, la société doit-elle trouver un sauveur? Il est permis d'en douter.

Un seul cependant, un socialiste, a eu une bonne idée :
« L'opposition, a-t-il pensé, sous tous les gouvernement, a tou-
» jours joué le même rôle, taquinant le pouvoir, demandant
» des réformes en tout sans en indiquer de possibles, enfin
» faisant toujours voir la plaie en l'ouvrant au lieu de cher-
» cher à la fermer. — Cette tactique est usée et rebattue. Un
» peu d'action me distinguera de mes collègues. »

Et il s'est mis à l'œuvre en fondant une banque populaire,
destinée à remplacer les assignats, moins avantageusement
il est vrai. — Tout le monde a applaudi à cette idée, car le
bonhomme a fait en même temps son testament politique :
« Si j'échoue, dit-il, je me retire de la vie politique. »

Et certainement, s'il n'y a pas à ce testament un codicille
secret, nous ne le reverrons plus.

Qui empêche donc tous ces parleurs éternels de la gauche
d'imiter le bonhomme, au lieu de japper et de mordre sans
cesse les mollets ministériels? Que ne fondent-ils un établissement philanthropique quelconque, dût le gouvernement en
crever de dépit? Les capitaux ne leur manqueront pas puis-
qu'ils ont la confiance du peuple ; voilà qui serait de bonne
guerre. — Allons !...

O moutons ! si vous vouliez ruminer un peu, vous appren-
driez à connaître ces hommes qui se disent vos amis et ne
sont que vos bourreaux ; oui, les vrais tyrans du peuple sont
tous ces furieux qui l'excitent sans cesse et font métier de
guerre civile. Les tyrans du peuple, vos bourreaux, ô moutons ! sont ceux-là qui vous ont envoyé à la boucherie de
juin, prêts à réclamer la victoire comme ils ont gardé l'ano-
nyme après la défaite. Croyez-moi, n'allez plus à l'abattoir.

Notre société est mauvaise, gangrénée, soit ; mais sachez bien que les réformes sociales se font pacifiquement et non à coups de fusil. Le laboureur qui veut ôter l'ivraie d'un champ, ne le fauche pas, car il enlèverait le bon et le mauvais grain. — Si nous ne tournons pas forcément dans un cercle, si la société telle qu'elle est n'est pas l'ouvrage immuable de Dieu, attendons, travaillons patiemment et la lumière se fera !.....

Et vous, montagnards, tristes plagiaires d'une époque sublime et triste à la fois ; vous, qui croyez vous faire un nom révolutionnaire, souvenez-vous qu'en 89, quand le Peuple sortit de ses langes, s'il était beau de voir des génies, que la tyrannie étouffait en leur fermant toutes les carrières, s'élever à la sublimité, il n'en peut être de même aujourd'hui, que le soleil de la liberté luit pour tous. Oui, depuis cinquante ans nous sommes libres ; il a été donné à chacun de se frayer sa route là où le conduisait son intelligence, et compter sur les révolutions pour se révéler, est le dernier espoir des incapacités turbulentes.

Souvenez-vous aussi qu'on n'arrive plus au pouvoir par des gradins de cadavres, et cessez, en criant sans cesse à la tyrannie, d'être vous-mêmes les VRAIS TYRANS DU PEUPLE.

Paris, ce 17 mars 1849.

J. VALHER.